Thomas Haudel & Tina Schubert

Studie zur Wirksamkeit ambulanter Biodynamischer Psychotherapie bei depressiven Erkrankungen

Anschrift: GBP e.V. c/o Elke Hannig
Kirchstraße 12, 82389 Böbing, 08867 - 912 38 57
E-Mail: geschaeftsstelle@gbpev.de
Internet: www.berufsverband-biodynamik.de
Redaktion: Elke Hannig und Thomas Haudel
Satz und Layout: Elke Hannig
Coverbild: Günter Mayer
Herstellung und Verlag: Books on Demand, Norderstedt
ISBN 9783752809374

Inhaltsverzeichnis

Vorwort ____ 7

Danksagung _______________________________________ 11

1. Ausgangsbedingungen und Anlass der Studie _________ 12

2. Bisherige Studien zur Biodynamischen

   Körperpsychotherapie ___________________________ 14

3. Konzeption der Studie und Stichprobe _____________ 16

4. Ergebnisdarstellung ____________________________ 20

5. Diskussion der Ergebnisse _______________________ 38

6. Ausblick und weitere Forschung __________________ 41

Literatur ____ 45

Autor*innen ______________________________________ 47

Vorwort

Nichts hat mein Leben nachhaltiger zum Besseren beeinflusst als meine Therapie- und Lehrjahre in den körperorientierten Psychotherapiemethoden, allen voran in der Biodynamischen Körperpsychotherapie Gerda Boyesens.

Ich stamme aus einer stark leistungsorientierten Familie mit kriegstraumatisierten Eltern, die viel stritten, schlugen und entwerteten. Funktionieren und viel Leisten erschien als einziger Weg zu einem besseren Leben. Mein älterer Bruder starb daran mit 34. Ich war 22, mitten im Medizinstudium und hatte gerade meine ersten Körperpsychotherapie-Erfahrungen gemacht. Diese und dann die biodynamische Ausbildung halfen mir, die übertriebenen Leistungsansprüche meiner Familie in Frage zu stellen und zu erspüren, was ich fühlte und was ich wirklich wollte im Leben.

Die Depressionen, die mich seit Studienbeginn immer wieder überfielen, ließen nach, und der üble Heuschupfen, der mich seit dem siebten Lebensjahr geplagt hatte, hörte im Laufe der Deep-Draining-Ausbildung am Londoner Institut mit 27 fast vollständig auf. Das blieb so bis heute.

Viele Menschen haben ähnliche Besserungen von psychischen und psychosomatischen Beschwerden durch körperorientierte Psychotherapien erlebt, andere nicht. Psychotherapie, auch körperorientierte, ist keine präzise, mechanische Technik mit 100-prozentigen Ergebnissen.

Hier nun setzt die Wissenschaft der Heilkunde an, die versucht festzustellen, ob ein Behandlungsverfahren vielen und nicht nur einzelnen Menschen mit bestimmten Symptomen Linderung oder Heilung verschafft und ob das neue Verfahren genauso gut oder besser ist als die bisherigen Vorgehensweisen.

Erst wenn es gelingt, dies mit den derzeit anerkannten For-schungsmethoden zu zeigen, wird ein Verfahren auch als Heilverfahren anerkannt.

Vorher entscheiden die Einzelerfahrungen von Expert*innen und die Plausibilität der Theorie über die vorläufige Akzeptanz einer Methode.

Bis zu einer breiten gesellschaftlichen Anerkennung einer Psychotherapiemethode ist es anscheinend ein langer Weg. Die Psychoanalyse brauchte von den „Studien über Hysterie" (Freud 1895) bis zur Kassenfinanzierung 1967 über 70 Jahre, die Verhaltenstherapie vom ersten Manifest des Behavioris-mus (Watson 1913) bis zur Kassenanerkennung 1989 ähnlich lange. Wilhelm Reichs erste körperpsychotherapeutischen Konzepte erschienen in den dreißiger Jahren, die ersten tanz-therapeutischen Konzepte in den 40ern und die meisten der heutigen Verfahren noch später, die Biodynamische Körper-psychotherapie erst in den 70er Jahren.

Dazu kommt, dass ein Verfahren umso eher breitere Aner-kennung findet, je mehr man sich schon anerkannter Begriffe und Denkfiguren bedient und neue schlüssig aus den alten ableitet.

Wilhelm Reich und Gerda Boyesen haben jedoch völlig neue Erklärungsmuster und Begriffe, wie den der energetischen Flüssigkeit, in den professionellen Diskurs eingeführt, die nur wenige außerhalb der eingeweihten Kreise nachvollziehen können oder wollen. Das hat die Anerkennung erschwert.

Außerdem spielt es bei der gesellschaftlichen Anerkennung eine Rolle, welche Gruppe eine Methode vertritt, bei den Psy-chodynamischen Verfahren wie der Psychoanalyse waren es überwiegend Ärzt*innen, bei der Verhaltenstherapie überwie-gend akademische Psycholog*innen. Da inzwischen die Anzahl der Psychodynamiker*innen an den Psychologischen Fakultä-ten sehr überschaubar geworden ist, droht sogar ihnen jetzt eine Verdrängung vom „Psychotherapiemarkt", dem versuchen sie u. a. durch vermehrte Forschungsanstrengungen entgegenzusteuern.

Die Körperpsychotherapien werden in Deutschland nur von wenigen Ärzt*innen und Psycholog*innen praktiziert. An den meisten psychotherapeutischen Kliniken wird zwar „Körpertherapie" in der einen oder anderen Form angeboten, aber meist von schlechter bezahlten „Heilpraktiker*innen".

Verfahren wie KBT, Funktionelle Entspannung und Tanztherapie ist es im Unterschied zur Biodynamischen Körperpsychotherapie besser gelungen, dort Fuß zu fassen.

An den Universitäten ist Körperpsychotherapie nur durch wenige Professuren vertreten, explizit nur durch Ulfried Geuter in Marburg. Dieser hat eine biodynamische und eine psychodynamische Ausbildung, und hat ein zweibändiges Lehrbuch der theoretischen und praktischen Darstellung körperorientierter Psychotherapie verfasst, durchweht von Biodynamischen Prinzipien, aber gut verankert im großen Fundus der modernen anerkannten Theorien zur Körper-Seele-Interaktion und -Einheit.

Die theoretische Akzeptanz einer Methode würde weniger eine Rolle spielen, wenn die dokumentierten Behandlungsergebnisse bei größeren Patientengruppen signifikant besser wären als die der etablierten Verfahren, was jedoch (noch?) nicht der Fall ist.

Diese Pilotstudie ist ein guter weiterer Schritt in Richtung einer empirischen Fundierung der Biodynamischen Körperpsychotherapie. Ein Novum dieser Arbeit ist die Operationalisierung dessen, was man für eine Studie als spezifisch Biodynamisch definieren kann.

Möge die vorliegende Arbeit Behandler*innen und Forscher*innen ermutigen, das Ringen um die gesellschaftliche

und wissenschaftliche Anerkennung dieser Psychotherapiemethode weiterzuführen.

Dr. N. Schrauth, Tiefenbronn, im August 2018

Danksagung

Wir bedanken uns ganz herzlich bei der Studienleiterin der wissenschaftlichen Auswertung, Frau Dr. Karin Pöhlmann, für ihre fachkundige Beratung bei der Erstellung des Prüfplanes, das Einreichen der Studie bei der Ethikkommission der TU Dresden, ihr Engagement bei der Gewinnung der wissenschaftlichen Assistentin Frau Schubert sowie deren Einarbeitung in das Studiendesign.

Ein großes Dankeschön gebührt Frau Dipl.-Psych. Tina Schubert, die mit viel Fleiß die Daten der Fragebögen in das Statistikprogramm SPSS eingegeben, die Ergebnisse berechnet und in anschauliche Grafiken verwandelt hat.

Wir bedanken uns außerdem sehr herzlich beim Diplom-mathematiker Herrn Dr. Matthias Rudolf vom Fachbereich Psychologie der TU Dresden, der Frau Schubert gemäß den aktuellen fachlichen Standards zu allen Fragen zur Statistik beraten hat.

Unser Dank gilt natürlich auch allen an der Studie beteiligten Therapeutinnen, die über mehrere Jahre kontinuierlich Patient*innen für die Studie gewonnen, sie fachkundig Biodynamisch behandelt und in der richtigen Handhabung der Fragebögen unterwiesen haben.

Wir bedanken uns außerdem bei allen Patient*innen, die sich bereit erklärt haben an der Studie teilzunehmen und sich die Zeit genommen haben, die Fragebögen zu den drei Zeitpunkten zu beantworten.

Thomas Haudel
Im Namen des Vorstandes der GBP e.V.

1. Ausgangsbedingungen und Anlass der Studie

Das Anliegen der Studie bestand darin, die immer größer werdende Diskrepanz zwischen den in den Biodynamischen Praxen über Jahre hinweg erzielten Behandlungserfolgen, von denen uns die Therapeut*innen auf Grundlage der positiven Rückmeldungen der von ihnen behandelten Klient*innen berichteten, und der Skepsis der Krankenkassen sowie der Unwissenheit über die Methode bei großen Teilen der Kollegenschaft zu schließen. Ziele der Gesellschaft für Biodynamische Psychologie/Körperpsychotherapie (GBP e.V.) als Initiator und Sponsor dieser Studie waren die Versachlichung der Diskussion über die Biodynamische Körperpsychotherapie und die Bereitstellung von statistischen Ergebnissen auf der Grundlage anerkannter Testverfahren für jeden, der sich dafür interessiert.

Wir haben uns für eine Wirksamkeitsprüfung der Behandlungsform bei affektiven Erkrankungen entschieden, da sie in den letzten Jahren in der Bundesrepublik erheblich zugenommen haben und hier ein großes ambulantes Versorgungsdefizit besteht, das ohne psychotherapeutisch tätige Heilpraktiker*innen gar nicht behebbar wäre. Außerdem halten wir die Biodynamische Psychotherapie als eine körperpsychotherapeutische Methode mit viel direktem Körperkontakt über die Hände als besonders geeignet für die Behandlung von Depressionen, da bei dieser Erkrankung der Körper stark involviert ist. Es geht bei dieser Erkrankung auf körperlicher Ebene sowohl um einen Mangel an freud- und lustvollen Körpergefühlen, als auch um einen unzureichenden Abbau von negativen Restaffekten, die zu einer Übersäuerung und einem Stau an energetischer Flüssigkeit im Körper führt. Insbesondere durch die Biodynamische Massage werden solche Flüssigkeitsstaus im Körper aufgelöst und durch die Aktivierung der Psychoperistaltik im Dünndarm abgebaut. Die Begründerin der Biodynamischen Psychologie Gerda Boyesen (Boyesen G. 1987; Boyesen G. und Boyesen M.-L. 1987) hatte die Methode bereits ab den 60-iger Jahren des vorigen Jahrhunderts erfolgreich bei depressiven Klient*innen eingesetzt, sie wissenschaftlich begründet und in Einzelfallstudien beschrieben. So schreibt Gerda Boyesen über die Zeit der Entdeckung ihrer Methode im Jahr 1962 und die Schwierigkeit, ihren vorwiegend männlichen Kollegen, in diesem Fall Dr. Houge, zu erklären, wie die Biodynamische Körperpsychotherapie wirkt: „Aber wollen sie denn nicht begreifen, dass ich eine Behandlungsmethode entdeckt habe, mit der wir die nervösen Spannungen aus dem Organismus eliminieren können? Wenn ich mit dieser Funktion der Psychoperistaltik arbeite, kann ich sehr wohl die Fälle von Depression und Hysterie behandeln." (Boyesen 1987; S. 78) Aufgrund dieser Erfahrungen und der von vielen anderen praktizierenden Biodynamiker*innen erwarteten wir eine deutliche Symptomreduktion in der Behandlung von depressiven Klient*innen mit der Methode der Biodynamischen Körperpsychotherapie.

2. Bisherige Studien zur Biodynamischen Körperpsychotherapie

Bisher wurden zur Wirksamkeit der Biodynamischen Körperpsychotherapie folgende Studien durchgeführt, die der psychotherapeutisch tätige Arzt Dr. Norbert Schrauth (Schrauth, 2001) ausführlich in seiner Dissertation dargestellt und kritisch diskutiert hat:

- 1993-1994 Traudel Taubner „Über die Wirksamkeit Biodynamischer Psychotherapie am Beispiel von 2 Jahresgruppen"
- 1995 Doris Hebenstreit „Biodynamische Körperpsychotherapie, eine Wirksamkeitsstudie"

In beiden Studien konnte bereits der Nachweis der Wirksamkeit der Biodynamischen Körperpsychotherapie erbracht werden. In der Studie von Hebenstreit wurden 62 Personen mit Diagnosen aus dem Spektrum neurotischer Störungen, Persönlichkeitsstörungen und körperlichen Funktionsstörungen innerhalb der ersten zehn Stunden und nach 20-25 Stunden getestet. Sie absolvierten sowohl Biodynamische Einzel- als auch Gruppentherapien. Es gab eine Kontrollgruppe mit 33 Personen, von denen 15 Klient*innen verhaltenstherapeutisch und teilweise medikamentös behandelt worden waren und 18 Klient*innen keine Behandlung erhielten. Die Messungen der Kontrollgruppe erfolgten zu den gleichen Zeitpunkten wie bei der Versuchsgruppe. Als Messinstrumente wurden damals eingesetzt: das State Trait-Angstinventar (STAI), die Depressivitätsskala und Beschwerdeliste von Zerssen sowie der Fragebogen zur Abschätzung des psychosomatischen Krankheitsgeschehens (FAPK) von Koch. Bezogen auf die Depression wurde ein Effektparameter von 0,64 auf dem 1% Niveau erreicht, was als hochsignifikant einzustufen ist und über den

Effektparametern der mit Verhaltenstherapie behandelten Klient*innen lag.

Dazu schreibt Schrauth (2001, S. 163): „Interessant und weiter zu überprüfen ist der Befund von Hebenstreit, dass die Angstwerte durch Körperpsychotherapie ebensolche Verbesserungen erfuhren wie durch Verhaltenstherapie und die Depressionswerte deutlich größere Verbesserungen als durch Verhaltenstherapie. Dies entspricht meinem Eindruck aus der Praxis und wäre mit Hinblick auf die große Zahl der Klient*innen mit einer ängstlich-depressiven Mischsymptomatik von großer versorgungspolitischer Bedeutung."

In der Studie von Taubner konnten zwar in einigen Skalen des FPI Verbesserungen erzielt werden, diese waren jedoch nicht statistisch signifikant.

Die Ergebnisse beider Studien waren überwiegend positiv, aber die Studien hatten auch methodische Mängel, wie z.B. die unzureichende Definition des methodischen Vorgehens und die Nichterhebung von Katamnesen. Sie sind mit der aktuellen Studie kaum vergleichbar, weil überwiegend Gruppentherapien durchgeführt wurden und die Therapiezeiträume kürzer waren.

Wegen der Ähnlichkeit der Interventionen, in diesem Fall die Massage, sollen an dieser Stelle auch die Studien des amerikanischen Psychologen Christopher A. Moyer (Moyer et al 2004, Moyer 2008) und des Berliner Psychiaters Bruno Müller Oerlinghausen (Müller Oerlinghausen et al 2004) erwähnt werden, die jüngeren Datums sind und bereits mehrfach positive Effekte der Massage bei depressiven Klienten nachweisen konnten.

3. Konzeption der Studie und Stichprobe

Die vorliegende Studie wurde als naturalistische Studie ohne Vergleichsgruppe konzipiert, da wir innerhalb der GBP keinen verlässlichen Kontakt zu Therapeut*innen anderer Therapierichtungen haben und wir eine unbehandelte Kontrollgruppe für ethisch nicht verantwortbar halten.

Die Studie zur Wirksamkeit ambulanter Biodynamischer Psychotherapie bei depressiven Erkrankungen wurde am 22.02.2012 von der Ethikkommission der TU Dresden genehmigt und lief bis einschließlich 23.01.2018. Sie war mit einer Behandlungszahl von 50 Klient*innen konzipiert. Es wurden insgesamt von 27 Klient*innen Datensätze eingereicht, von denen aber ein Großteil aus verschiedenen Gründen nicht verwertbar war. Gründe waren u.a. Therapieabbrüche, eine zu hohe Behandlungsdauer, Tod und zu niedrige Ausgangswerte beim BDI II. Eingang in die Studie haben letztendlich zwölf Klient*innen gefunden.

Es wurden drei Fragebögen eingesetzt: das Beck-Depressions-Inventar (BDI II), die Symptomcheckliste (SCL-90-R) und der Dresdner Körperbildfragebogen (DKB-43).

Der BDI II (Hautzinger, Keller & Kühner, 2009) gilt als eines der im deutschsprachigen Raum weitverbreitetsten Messinstrumente für den Schweregrad der Depression und ist besonders geeignet, Veränderungen des Schweregrades im Behandlungsverlauf festzustellen. Dabei sprechen die Autoren von einer klinisch signifikanten Veränderung der Depressivität bei einer Änderung von mindestens acht Punkten.

Die SCL-90-R (Derogatis, 1986, dt. Version Franke, 1995) misst in Form einer Selbstbeurteilungsskala die subjektiv empfundene Beeinträchtigung durch psychische sowie körperliche Symptome einer Person. Die Checkliste ist ein mehrdimensionales Instrument, das sich ebenfalls zur Verlaufsuntersuchung eignet. Die 90 Items der neun Skalen beschreiben die Dimensionen Somatisierung, Zwanghaftigkeit, Unsicherheit in Sozialkontakten, Depressivität, Ängstlichkeit, Aggressivität / Feindseligkeit, phobische Angst, paranoides Denken sowie Psychotizismus. Drei globale Kennwerte geben zusätzlich Auskunft über das Antwortverhalten. Der Global Severtiy Index (GSI) misst dabei das Ausmaß der grundsätzlichen psychischen Belastung und wird in der Literatur übereinstimmend als ein hinreichend reliabler und valider Indikator psychischer Belastung angesehen (Stieglitz, 1996).

Der DKB-43 (Pöhlmann, Joraschky, Brähler, in Vorbereitung) ist eines der wenigen Verfahren im deutschsprachigen Raum, das die Körperselbstwahrnehmung abbildet und daher besonders geeignet für Veränderungsmessungen nach körperpsychotherapeutischen Interventionen. Er erfasst mithilfe von 43 Aussagen sechs Komponenten des Körperbildes: Vitalität, Selbstakzeptanz, erfüllte Sexualität, Selbstaufwertung, Körperkontakt und bedrängte Sexualität.

Alle Fragebögen wurden zu drei Messzeitpunkten eingesetzt: Zu Beginn der Therapie (AN), am Ende der Therapie (EN) und als Katamnese ein halbes Jahr nach Beendigung der Therapie (KAT). Einschlusskriterium für die Studie war ein Ausgangswert im BDI II (AN) von mindestens 14 Punkten, was einer leichten Depression entspricht.

Dokumentiert wurden außerdem in jeder Stunde die konkreten Biodynamischen Interventionen, von denen folgende zur Auswahl standen:
1. Biodynamische Massage
2. Biodynamische Impulsarbeit
3. Atmungsvertiefung
4. Aufforderung zur Verstärkung von Gesten, Bewegungen, Sätzen und Lauten

5. Anregung zur Selbstwahrnehmung von Körperhaltung
   und Körperempfindung
6. Übungen zum Aggressionsausdruck
7. Halten mit den Händen
8. Groundingübungen
9. Nähe-Distanzübungen
10. Orgonomische Übungen

Bedingung für das vorliegende Studiendesign war, dass für mindestens die Hälfte der Therapiestunde eine der eben genannten Interventionen angewendet werden musste, das Gespräch damit also nicht den großen Stellenwert hat, wie es in den meisten anderen Psychotherapierichtungen der Fall ist.

Alle sechs Biodynamischen Therapeutinnen, die an der Studie teilgenommen haben, sind psychotherapeutisch tätige Heilpraktikerinnen, was daran liegt, dass nur eine verschwindend geringe Zahl von Psycholog*innen in dieser Methode ausgebildet ist und sie ambulant anwendet.

Gegenüber dem im Prüfplan vorgesehenen Vorgehen gab es folgende Abweichungen: Statt wie vorgesehen nach der fünften Stunde zehn Doppelstunden anzubieten, wurden 20 60-minütige Einzelsitzungen absolviert. In vier Fällen wurde eine Langzeittherapie von 40 bis 60 Stunden durchgeführt, was im Prüfplan auch vorgesehen war. Abweichend vom Prüfplan wurden auch fünf Klient*innen mit einer schweren Depression in die Studie einbezogen. Hier waren wir konfrontiert mit einem Konflikt zwischen einem dringenden Hilfebedarf der Klient*innen und den Kriterien der Studie. Ermutigt zur Korrektur der Bedingungen hat uns der Vertrauensvorschuss, den die Klient*innen den Therapeutinnen entgegenbrachten und deren auf langjähriger beruflicher Erfahrung aufbauendes Selbstvertrauen, auch mit diesem Schweregrad von Depression in der Ambulanz erfolgreich arbeiten zu können.

Die Teilnehmer*innen der Studie setzen sich aus elf Frauen (92%) und einem Mann (8%) zusammen. Das mittlere Alter der Gesamtstichprobe betrug 45,4 Jahre mit einem Range von 20 bis 59 Jahren. Es wurden insgesamt acht Kurzzeit- und vier Langzeittherapien mit 15-60 Behandlungsstunden einbezogen (ø 28 Therapiestunden).

Zur Auswertung der Daten stand das Statistikprogramm IBM® SPSS® Statistics 19 zur Verfügung. Die Prüfung der Gruppenunterschiede im Prä-, Post- und Katamnesevergleich wurde auf der Grundlage des Allgemeinen Linearen Modells (ALM) mit Messwiederholung varianzanalytisch ausgewertet. Um dem kleinen Stichprobenumfang gerecht zu werden, wurde eine Korrektur der Freiheitsgrade nach der Greenhouse-Geisser-Methode vorgenommen.

4. Ergebnisdarstellung

Im folgenden Kapitel werden die Studienergebnisse getrennt für die drei verwendeten Fragebögen ausgewertet und grafisch dargestellt.

BDI II

Eine Übersicht über die Signifikanztestung des BDI II enthält Tabelle 1.

	Zeit	df	F	p	Partielles η^2
Haupteffekt Zeit		1,881	19,979	0	0,645
Test der Innersubjekt-kontraste	AN zu EN	1	25,3	0	0,697
	EN zu KAT	1	1,643	0,226	0,13

Tbl. 1: Signifikanztestung BDI II

Im BDI II zeigte sich eine sowohl statistisch (Tabelle 1) als auch klinisch signifikante Verringerung der Depressivität im Behandlungsverlauf von AN zu EN bei einer Mehrheit der Teilnehmer*innen (83%), wohingegen der Status von EN zu KAT vorwiegend stabil blieb (75%) und die Veränderungen statistisch nicht signifikant sind (Abbildung 1).

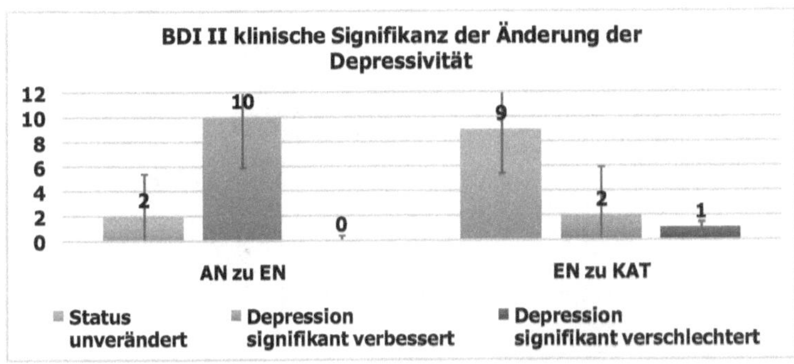

Abb. 1: BDI II Klinische Signifikanz der Änderung der Depressivität

Die Abbildungen 2 bis 4 zeigen die Veränderung der Depressionsausprägung über die drei Messzeitpunkte:

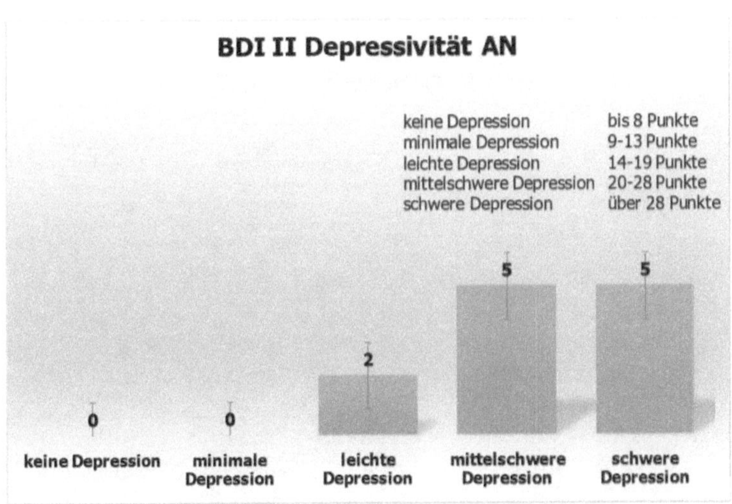

Abb. 2: BDI II Depressivität AN

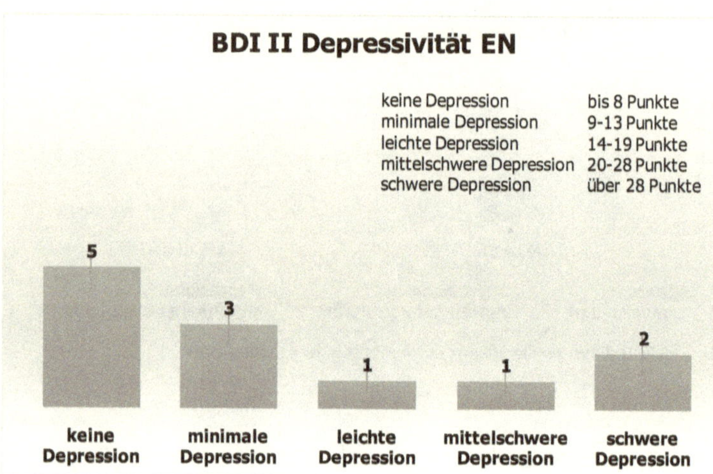

Abb. 3: BDI II Depressivität EN

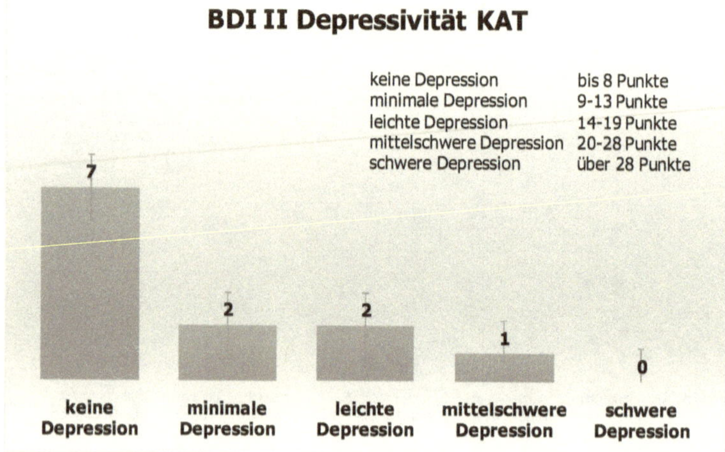

Abb. 4: BDI II Depressivität KAT

Eine Einzelfallverlaufsübersicht findet sich in Abbildung 5.

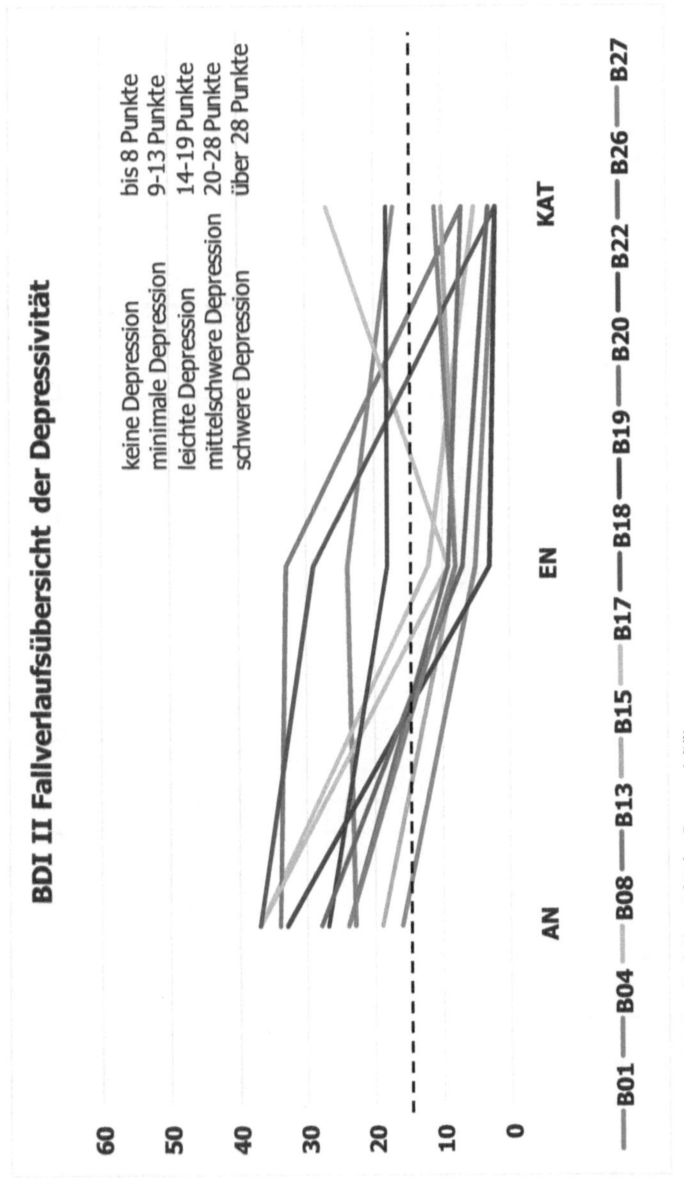

Abb. 5: BDI II Fallverlaufsübersicht der Depressivität

SCL-90-R

Eine Übersicht über die Signifikanztestung der SCL-90-R zeigt die Tabelle 2.

Skala		Zeit	df	F	p	Partielles η^2
GSI	Haupteffekt Zeit		1,472	14,696	0,001	0,572
	Test der Inner-	AN zu EN	1	12,311	0,005	0,528
	subjektkontraste	EN zu KAT	1	1,672	0,223	0,132
Somatisierung	Haupteffekt Zeit		1,579	7,236	0,008	0,397
	Test der Inner-	AN zu EN	1	8,264	0,015	0,429
	subjektkontraste	EN zu KAT	1	0,003	0,958	0
Zwanghaftigkeit	Haupteffekt Zeit		1,97	12,301	0	0,528
	Test der Inner-	AN zu EN	1	11,183	0,007	0,504
	subjektkontraste	EN zu KAT	1	1,594	0,233	0,127
Unsicherheit in Sozialkontakten	Haupteffekt Zeit		1,3	11,796	0,002	0,517
	Test der Inner-	AN zu EN	1	12,056	0,005	0,523
	subjektkontraste	EN zu KAT	1	1,822	0,204	0,142
Depressivität	Haupteffekt Zeit		1,734	10,293	0,001	0,483
	Test der Inner-	AN zu EN	1	14,256	0,003	0,564
	subjektkontraste	EN zu KAT	1	1,021	0,334	0,085
Ängstlichkeit	Haupteffekt Zeit		1,908	18,617	0	0,629
	Test der Inner-	AN zu EN	1	9,737	0,01	0,47
	subjektkontraste	EN zu KAT	1	7,091	0,022	0,392
Aggressivität	Haupteffekt Zeit		1,665	9,727	0,002	0,469
	Test der Inner-	AN zu EN	1	15,868	0,002	0,591
	subjektkontraste	EN zu KAT	1	1,02	0,334	0,085
Phobische Angst	Haupteffekt Zeit		1,893	6,086	0,009	0,356
	Test der Inner-	AN zu EN	1	3,395	0,092	0,236
	subjektkontraste	EN zu KAT	1	2,15	0,171	0,164
Paranoides Denken	Haupteffekt Zeit		1,877	8,491	0,002	0,436
	Test der Inner-	AN zu EN	1	3,676	0,082	0,25
	subjektkontraste	EN zu KAT	1	4,654	0,054	0,297
Psychotizismus	Haupteffekt Zeit		1,932	16,752	0	0,604
	Test der Inner-	AN zu EN	1	19,276	0,001	0,637
	subjektkontraste	EN zu KAT	1	1,279	0,282	0,104

Tbl. 2: Signifikanztestung SCL-90-R

Der Global Severity Index (GSI) der SCL-90-R wies zu Beginn der Behandlung bei allen zwölf Klient*innen (100%) auf eine psychische Belastung hin. Zum Ende der Behandlung (EN) waren noch vier Teilnehmer*innen (33%) psychisch belastet, während der Katamnese drei (25%), d.h. neun Klient*innen (75%) waren ein halbes Jahr nach Behandlungsende nach Definition des GSI psychisch unbelastet (Abbildung 6).

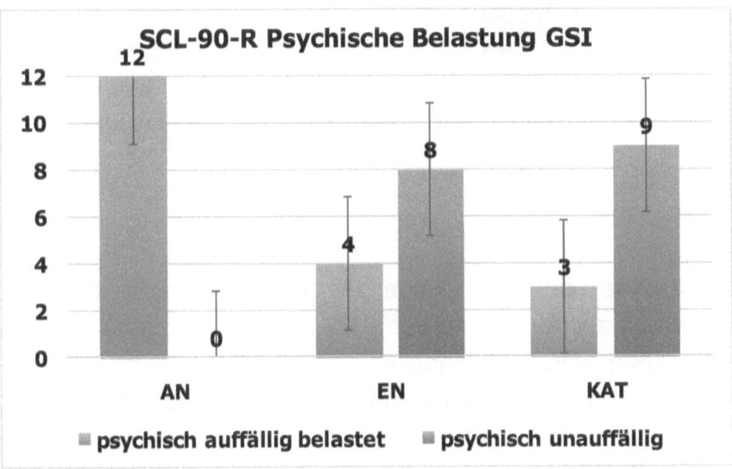

Abb. 6: SCL-90-R Psychische Belastung GSI

Dabei war der GSI bei Behandlungsbeginn (AN) bei einem/r Teilnehmer*in (8%) deutlich erhöht, bei sechs Teilnehmer*innen (50%) stark und bei fünf Teilnehmer*innen (42%) sehr stark erhöht. Zum Behandlungsende (EN) waren acht Teilnehmer*innen (67%) unauffällig, bei jeweils zwei Teilnehmer*innen war der GSI stark bzw. sehr stark erhöht. Zur Katamnese (KAT) waren neun Teilnehmer*innen (75%) psychisch unbelastet und bei drei Teilnehmer*innen (25%) war der GSI stark erhöht (Abbildung 7).

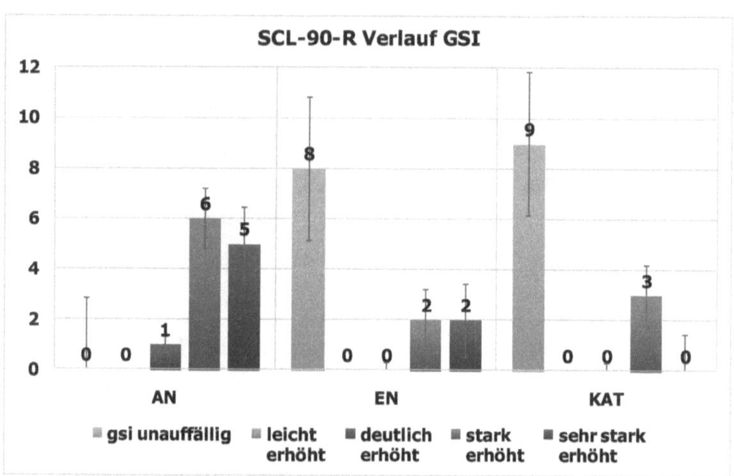

Abb. 7: SCL-90-R Verlauf GSI

Die Analyse der neun Skalen des SCL-90-R zeigte, dass die Stichprobe zur Aufnahme auf allen Skalen als belastet (T≥60) einzustufen war (Abbildung 8). Am deutlichsten belastet erlebten sich die Teilnehmer*innen auf der Skala Depressivität (T=74) und Zwanghaftigkeit (T=71), am wenigsten auf den Skalen Phobische Angst (T=64) und Paranoides Denken (T=62). Die erlebte Belastung verringerte sich im Behandlungsverlauf auf allen Skalen.

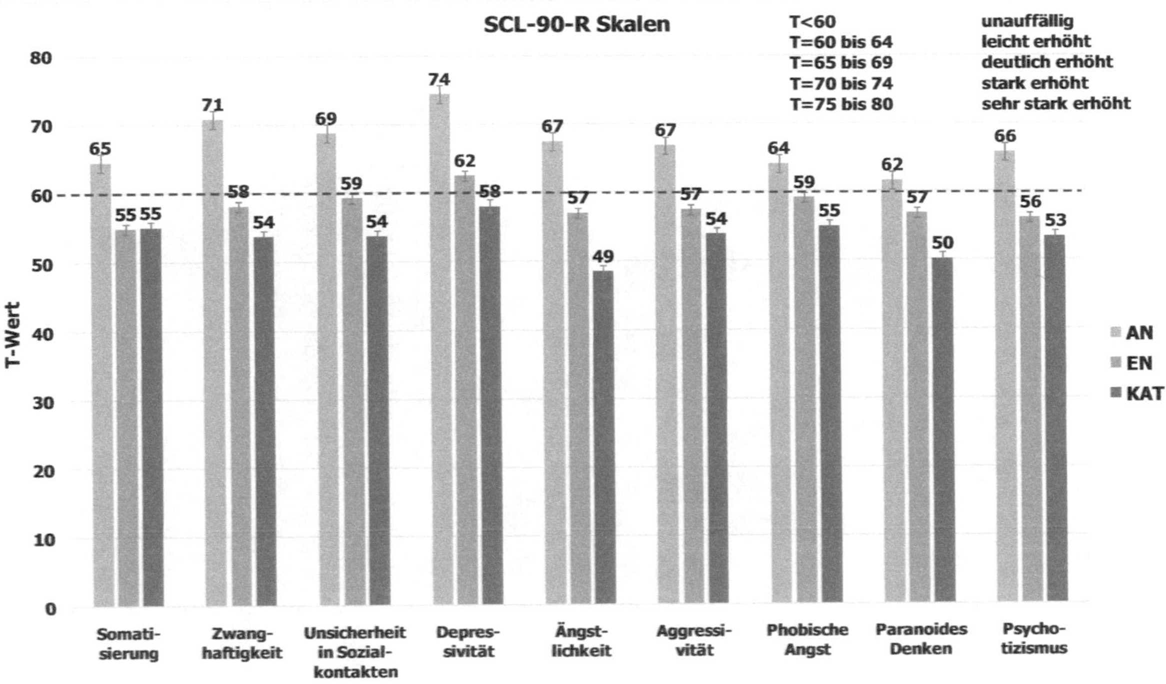

Abb. 8: SCL-90-R Skalen im Säulendiagramm

Analog zum BDI II sehen wir im SCL-90-R eine deutliche und statistisch signifikante Verringerung der Depressivität im Behandlungsverlauf (Abbildung 9).

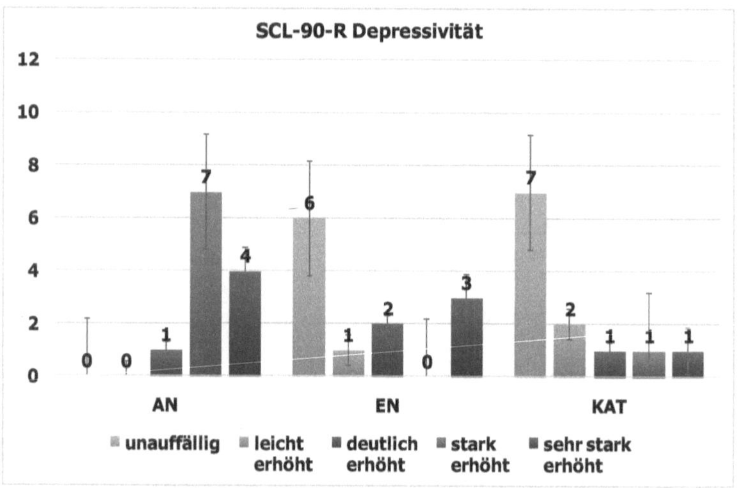

Abb. 9: SCL-90-R Depressivität

Es zeigten sich ferner statistisch signifikante Symptomreduktionen auf den Skalen Somatisierung (Abbildung 10), Zwanghaftigkeit (Abbildung 11), Unsicherheit in Sozialkontakten (Abbildung 12), Aggressivität (Abbildung 13), Ängstlichkeit (Abbildung 14) und Psychotizismus (Abbildung 15) des SCL-90-R (Tabelle 2).

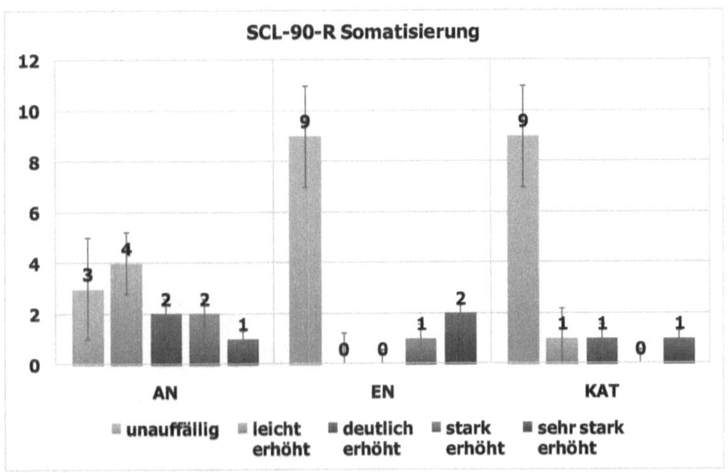

Abb. 10: SCL-90-R Somatisierung

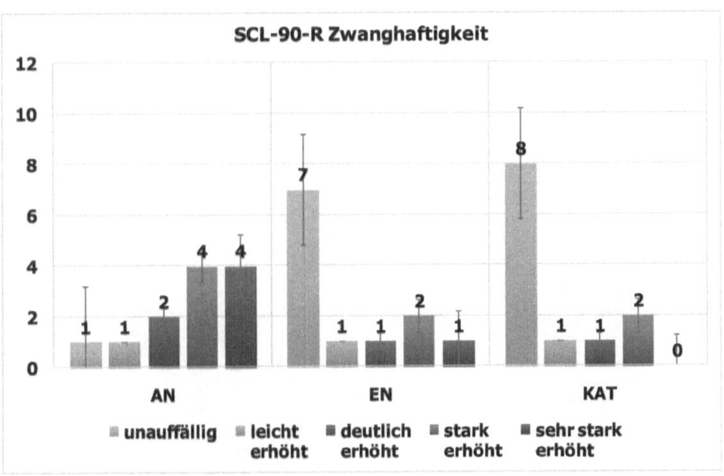

Abb. 11: SCL-90-R Zwanghaftigkeit

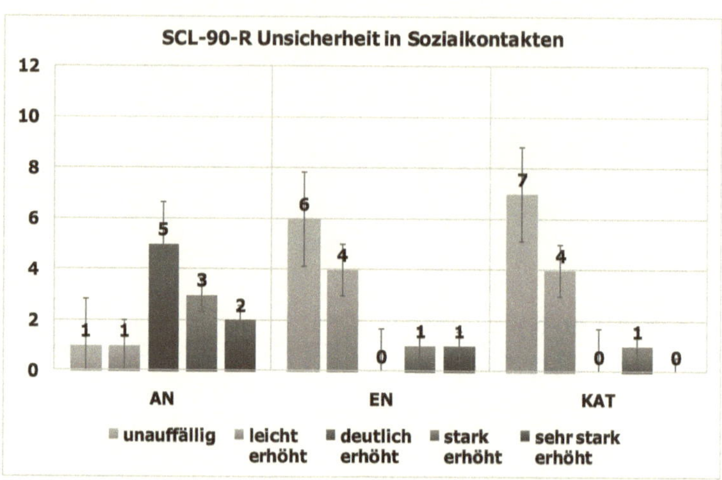

Abb. 12: SCL-90-R Unsicherheit in Sozialkontakten

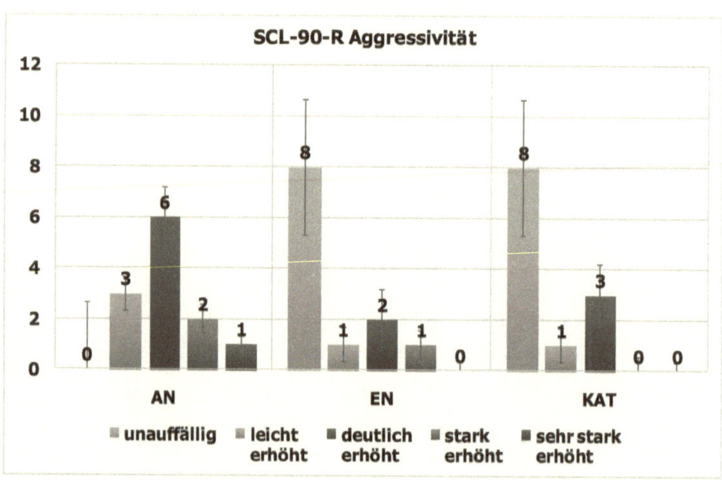

Abb. 13: SCL-90-R Aggressivität

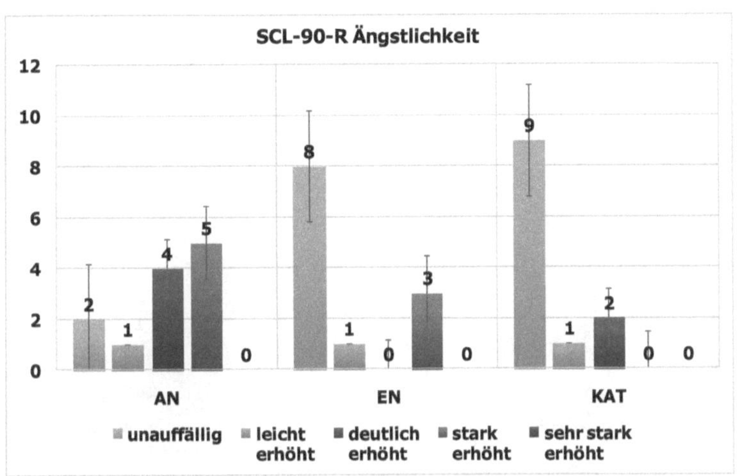

Abb. 14: SCL-90-R Ängstlichkeit

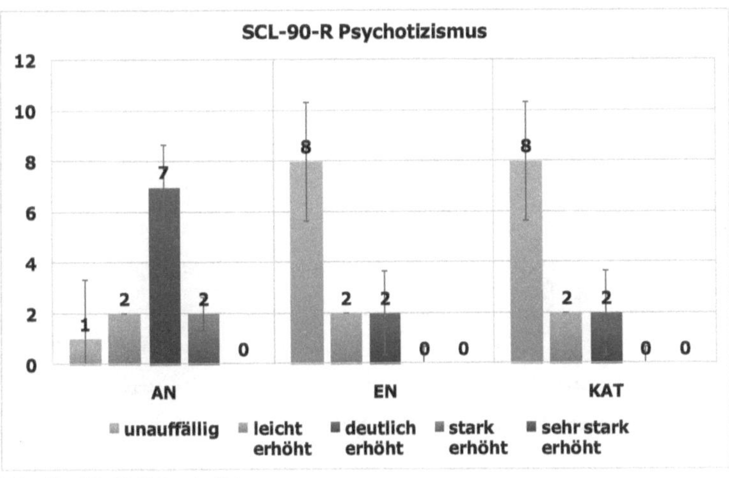

Abb. 15: SCL-90-R Psychotizismus

Lediglich in den Dimensionen Phobische Angst (Abbildung 16) und Paranoides Denken (Abbildung 17) wurden zwar statistisch signifikante Veränderungen über die Zeit nachgewiesen, die jedoch weder im Vergleich von AN zu EN noch von EN zu KAT statistisch signifikant geworden sind.

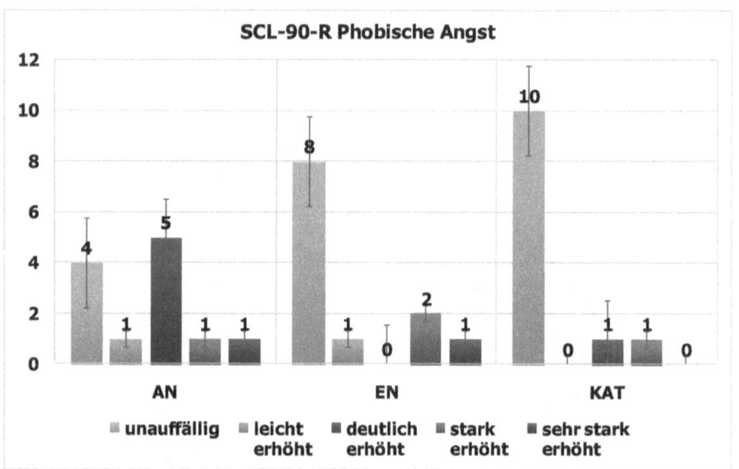

Abb. 16: SCL-90-R Phobische Angst

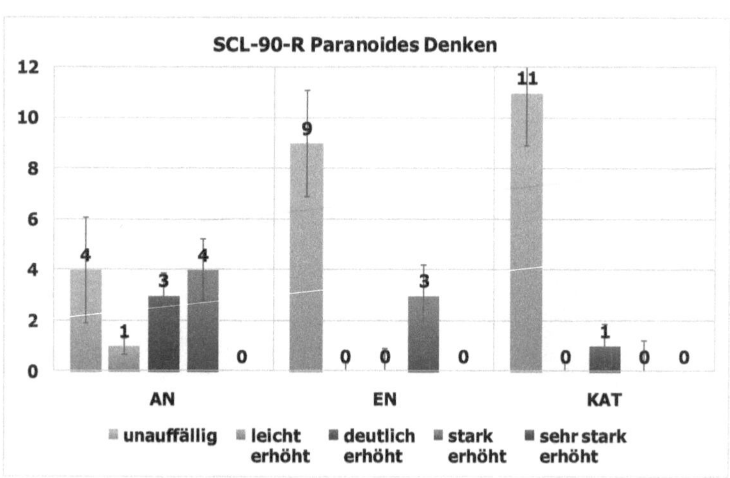

Abb. 17: SCL-90-R Paranoides Denken

DKB-43

Die Signifikanztestung mit Hilfe des Greenhouse-Geisser Tests erbrachte für den DKB-43 in zwei der sechs Skalen von Behandlungsbeginn zum Ende eine statistisch signifikante Verbesserung, und zwar in den Skalen Vitalität (Abbildung 18) und Selbstakzeptanz (Abbildung 19).

Die Übersicht über das Ergebnis der Signifikanztestung für den DKB-43 findet sich in Tabelle 3.

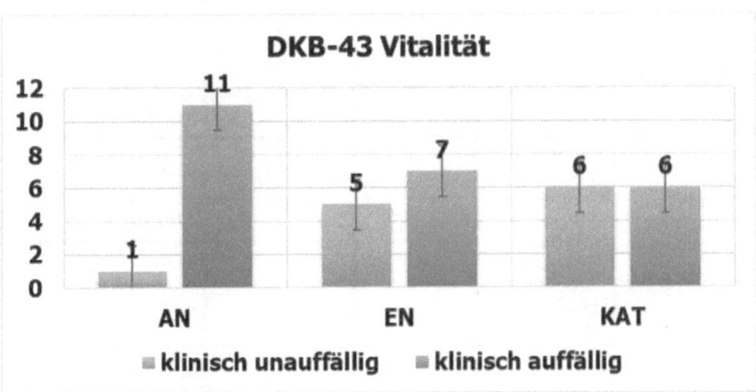

Abb. 18: DKB-43 Skala Vitalität

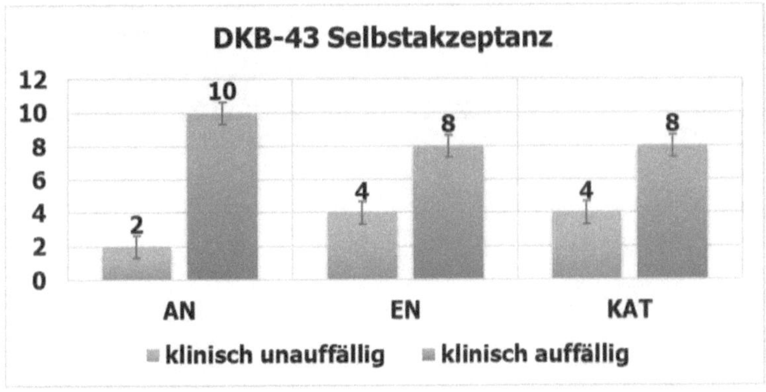

Abb. 19: DKB-43 Skala Selbstakzeptanz

Skala		Zeit	df	F	p	Partielles η^2
Vitalität	Haupteffekt Zeit		1,711	7,294	0,006	0,399
	Test der Innersubjekt-kontraste	AN zu EN	1	6,160	0,03	0,359
		EN zu KAT	1	0,524	0,484	0,045
Selbst-akzeptanz	Haupteffekt Zeit		1,438	4,724	0,034	0,3
	Test der Innersubjekt-kontraste	AN zu EN	1	1,688	0,044	0,32
		EN zu KAT	1	0,021	0,765	0,008
Erfüllte Sexualität	Haupteffekt Zeit		1,967	2,107	0,152	0,19
	Test der Innersubjekt-kontraste	AN zu EN	1	2,194	0,173	0,196
		EN zu KAT	1	0,138	0,718	0,015
Selbst-erhöhung	Haupteffekt Zeit		1,508	1,338	0,281	0,108
	Test der Innersubjekt-kontraste	AN zu EN	1	2,822	0,121	0,204
		EN zu KAT	1	0,079	0,783	0,007
Körper-kontakt	Haupteffekt Zeit		1,597	0,237	0,742	0,023
	Test der Innersubjekt-kontraste	AN zu EN	1	0,726	0,414	0,068
		EN zu KAT	1	0,029	0,867	0,003
Bedrängte Sexualität	Haupteffekt Zeit		0,193	1,6	0,227	0,138
	Test der Innersubjekt-kontraste	AN zu EN	1	2,01	0,187	0,167
		EN zu KAT	1	0,133	0,723	0,013

Tbl. 3: Signifikanztestung DKB-43

Die Dimensionen, in denen zwar positive Tendenzen, aber keine statistisch signifikanten Verbesserungen, nachgewiesen werden konnten sind: Erfüllte Sexualität (Abbildung 20), Selbsterhöhung (Abbildung 21), Körperkontakt (Abbildung 22) und Bedrängte Sexualität (Abbildung 23). Ergänzend zu erwähnen ist, dass eine Teilnehmerin den DKB-35 anstelle des DKB-43 bearbeitete, in dem die Skala Bedrängte Sexualität nicht inkludiert ist.

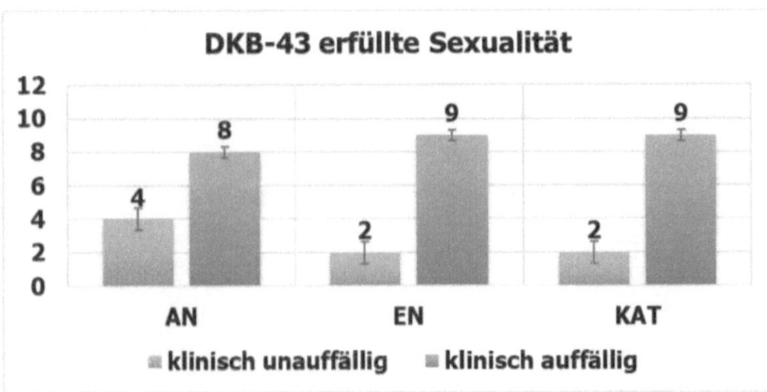

Abb. 20: DKB-43 Skala Erfüllte Sexualität

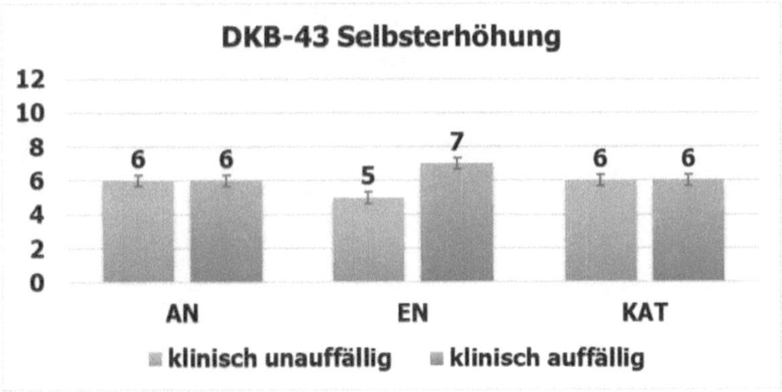

Abb. 21: DKB-43 Skala Selbsterhöhung

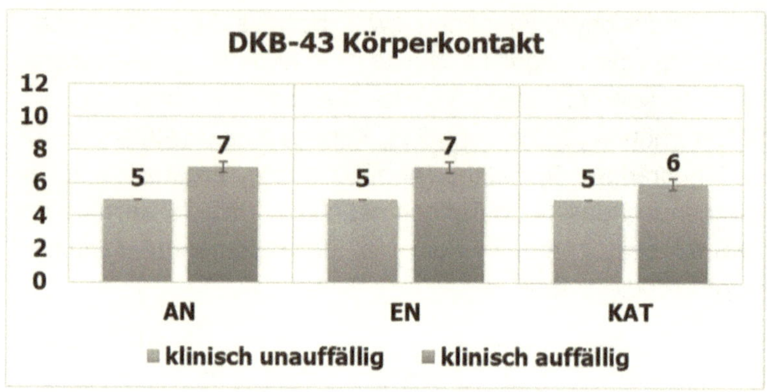

Abb. 22: DKB-43 Skala Körperkontakt

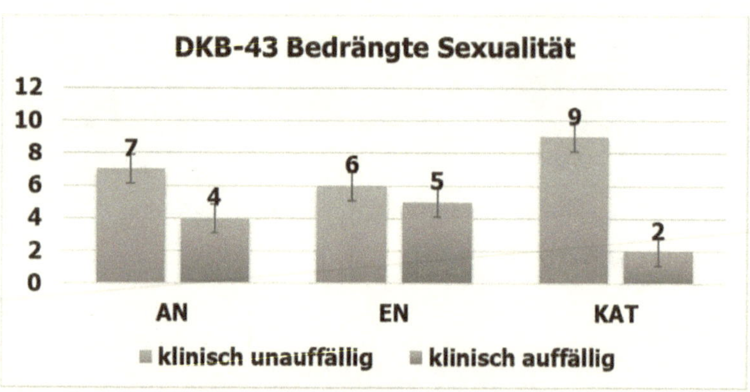

Abb. 23: DKB-43 Skala Bedrängte Sexualität

Von besonderem Interesse für uns war ferner zu ermitteln, welche der Biodynamischen Interventionen am häufigsten eingesetzt wurden. Auch dies wurde statistisch ausgewertet. Die Ergebnisse zeigt die nachfolgende Tabelle:

Methode	Anteil
Biodynamische Massage mit Stethoskop	52%
Atmungsvertiefung	40%
Anregung zur Selbstwahrnehmung von Körperhaltung und Körperempfindungen	38%
Biodynamische Impulsarbeit	28%
Aufforderung zur Verstärkung von Gesten, Bewegungen, Sätzen und Lauten	20%
Übungen zum Aggressionsausdruck	12%
Groundingübungen	11%
Halten mit den Händen	6%
Nähe- und Distanzübung	6%
Orgonomische Übungen	1%

Tbl. 4: Übersicht über den Anteil der eingesetzten Interventionen

5. Diskussion der Ergebnisse

Die Biodynamische Körperpsychotherapie erwies sich in der vorliegenden Studie erneut als wirksam bei der Behandlung depressiver Erkrankungen. Besonders erfreulich sind die erstmals mithilfe der Biodynamischen Körperpsychotherapie nachgewiesenen signifikanten Symptomreduktionen in den Skalen Somatisierung, Zwanghaftigkeit, Unsicherheit in Sozial-kontakten, Aggressivität, Ängstlichkeit und Psychotizismus der SCL-90-R. Sie zeigen, dass die Biodynamische Psychotherapie auf den ganzen Körper wirkt und damit ein körperlich-seelischer Gesundungsprozess eingeleitet wird. Es gibt demnach nicht nur eine Co-Morbidität, sondern auch eine Co-Gesundung. Die positiven Effekte zeigen sich auch in den zwei Skalen Phobische Angst und Paranoides Denken. Da die Ausgangswerte verhältnismäßig gering waren, also nur eine leichte Erhöhung vorlag, ergab sich im Verlauf über die Zeit auf den beiden Skalen keine statistische Signifikanz.

Auffallend ist auf Einzelfallebene die Verschlechterung insbesondere der Depressivität bei einer Klientin zwischen Erhebung der Abschlussmessung und Katamnese. Diese war im Verlauf der Behandlung schwanger geworden und erlebte in diesem Zusammenhang eine deutliche Symptomreduktion. Sie entschloss sich entgegen der Empfehlung der Therapeutin zur vorzeitigen Beendigung der Behandlung und erlitt nach der Geburt ihres Kindes eine erneute depressive Krise, weshalb die Katamnese eine entsprechend höhere Ausprägung der Depressivität erbrachte. Weiterhin gibt es zwei Teilnehmer-*innen, die eine weiterhin klinisch signifikante Verringerung der Depressivität von EN zu KAT aufwiesen. Dies kann als verzögerte Wirkung und Nachhaltigkeit der Therapie interpretiert werden. Eine der behandelnden Therapeutinnen gab hier auch an, dass sie ihre Klient*innen in kurzen zwei- bis fünfminütige Übungen anleite, deren Fortführung sie auch über die Behandlungsdauer hinweg empfehle, was die weitere Symptomreduktion von Behandlungsende zur Katamnese erklären könnte.

Was den DKB-43 betrifft, so wurde in den Skalen Vitalität und Selbstakzeptanz eine signifikante Verbesserung nachgewiesen. Die Erhöhung der Ausprägung der Vitalität war erwartungsgemäß, da einerseits viele körperliche Interventionen der Biodynamischen Körperpsychotherapie genau dies zum Ziel haben und andererseits die Vitalität wie auch der Grad der Selbstakzeptanz im Rahmen einer depressiven Erkrankung deutlich reduziert sind. Was die Verbesserung der Selbstakzeptanz betrifft, könnte zudem auch die positive vertrauensvolle Beziehung zu den jeweiligen Therapeutinnen gewirkt haben. Denkbar ist aber auch, dass das verbesserte Verhältnis zum eigenen Körper einen Einfluss darauf hatte, dies spiegelt sich allerdings nicht in den Ergebnissen der Skala Selbsterhöhung wider. Hinsichtlich des statistisch nicht signifikanten Ergebnisses auf den Skalen Sexualität, Körperkontakt und Bedrängte Sexualität ist anzumerken, dass eine positive Veränderung in diesen Bereichen stark abhängig von der partnerschaftlichen Situation der jeweiligen Person ist. Da einige der Klient*innen keine Partnerschaft hatten, waren keine Veränderungen in diesem Bereich zu erwarten. Insgesamt sind die Ergebnisse des DKB-43 mit Vorsicht zu interpretieren, da bislang keine differenzierten Normwerte, sondern lediglich Interpretationshilfen vorliegen.

Einschränkungen in der Validität der Studienergebnisse sind auch aufgrund des geringen Stichprobenumfanges von zwölf Klient*innen und einer fehlenden Kontrollgruppe zu erwähnen. Dies war organisatorisch nicht zu bewältigen, weil uns keine Therapeut*innen einer anderen Therapierichtung als Kooperationspartner zur Verfügung standen.

Es ist für uns ein erfreuliches Ergebnis, dass die Biodynamische Massage mit Stethoskop die am meisten eingesetzte Intervention war und damit den vermutlich größten Einfluss auf die positiven Ergebnisse der Studie hat. Diese Massage ist eine originäre Intervention der Biodynamischen Körperpsychotherapie, die auch innerhalb der Körperpsychotherapie nicht flächendeckend eingesetzt wird und im gesamten Bereich der kassenfinanzierten Psychotherapie überhaupt nicht zum Einsatz kommt. An zweiter Stelle steht die Arbeit mit der Atmung, ebenfalls ein Kernelement der Interventionen der Biodynamischen Körperpsychotherapie. Auch die Biodynamische Impulsarbeit und die Verstärkung von Gesten und Lauten gehören zum bewährten Instrumentarium der Biodynamischen Körperpsychotherapie. Sie zeigen die Vielfalt der Interventionsmöglichkeiten innerhalb der Biodynamischen Körperpsychotherapie. In ihrer Gesamtheit und wechselseitigen Bedingtheit haben sie alle zur Verbesserung des leibseelischen Zustandes der von Depressionen betroffenen Klient*innen der Studie beigetragen.

6. Ausblick und weitere Forschung

Seit dem Erscheinen von „Über den Körper die Seele heilen"
im Jahr 1987 in Deutschland und der erstmalig publizierten
bahnbrechenden Entdeckung der Psychoperistaltik durch
Gerda Boyesen sind bereits über 30 Jahre vergangen. In
dieser Zeit haben sich viele Forscher weltweit mit dem Dünndarm befasst (siehe Gershon, 2001; Mayer, 2016). Leider hat
dabei keiner dieser größtenteils ärztlichen Kollegen auf Gerda
Boyesens Forschungsarbeit Bezug genommen. Ihre Erkennt-
nisse über die große Bedeutung des Dünndarms bei der psy-
chophysischen Selbstregulation des Körpers und die Funk-
tionsweise der Psychoperistaltik wurden aber in allen medi-
zinischen, unter Laborbedingungen durchgeführten Untersu-
chungen bestätigt und können ebenfalls als wissenschaftlicher
Beleg für die Gültigkeit der Theorien der Biodynamischen
Körperpsychotherapie und des daraus abgeleiteten Behand-
lungskonzeptes interpretiert werden.

Eine weitere Bestätigung von Gerda Boyesens Behandlungs-
konzept, was von ihr und ihren Schüler*innen bei allen Arten
von seelischen Erkrankungen angewandt wurde und wird,
sind die in den letzten Jahren erschienenen wissenschaftlichen
Texte und Studien zur Wirksamkeit der Massage bei
seelischen Erkankungen, insbesondere bei Depressionen
(Moyer 2004, 2008; Müller-Oerlinghausen 2004,2015,2018).

Die vorliegenden Studienergebnisse können als Bestätigung
für die Wirksamkeit der Biodynamischen Psychotherapie bei
der Behandlung depressiver Erkrankungen selbst bei höheren
Schweregraden interpretiert werden. Dies bestätigt die Ergebnisse der Studie von Hebenstreit (1995), in der ebenfalls
signifikante Verbesserungen der depressivem Symptomatik
durch die Anwendung Biodynamischer Psychotherapie nachgewiesen werden konnten. In Anbetracht der ebenfalls posi-

tiven Veränderungen in anderen Skalen der SCL-90-R ist davon auszugehen, dass die Biodynamische Psychotherapie auch bei anderen psychischen Erkrankungen wirksam ist, was ein Gegenstand weiterer Forschungsarbeiten sein könnte.

Angesichts der ambulanten psychotherapeutischen Versorgungsengpässe auf Grund des Mangels an Praxen mit Kassenzulassung und der vielversprechenden Ergebnisse der Studie zur Wirksamkeit der ambulanten Biodynamischen Psychotherapie bei depressiven Erkrankungen empfehlen wir künftig allen Krankenkassen auf dem Wege der Kostenerstattung all denjenigen Patient*innen, die wegen einer Depression in Biodynamischer Körperpsychotherapie ausgebildete Therapeut*innen aufsuchen, diese Therapie über eine Kostenerstattung zu finanzieren. Dabei sollte der Umstand, dass Biodynamische Psychotherapeut*innen überwiegend auf der Grundlage des Heilpraktikergesetzes arbeiten, kein Hinderungsgrund sein, denn es gibt bis auf wenige Ausnahmen keine Psychologischen Psychotherapeut*innen, die in dieser Methode ausgebildet sind. Die Biodynamische Psychotherapie wäre ohne die darin ausgebildeten Heilpraktiker*innen in den meisten Regionen der Bundesrepublik nicht verfügbar.

Um darüber hinaus künftig eine größere Verbreitung der Biodynamischen Psychotherapie in der psychotherapeutischen Versorgungslandschaft der Bundesrepublik zu erreichen, müsste sie als eine in die Richtlinientherapie integrierbare Methode oder als körperpsychotherapeutische Methode innerhalb der Humanistischen Psychotherapie an mehreren Instituten, die Psychologische Psychotherapeut*innen ausbilden gelehrt werden. Dies ist gegenwärtig nicht der Fall und nur langfristig zu realisieren, so dass die Biodynamischen Behandlungsangebote der psychotherapeutisch tätigen Heilpraktiker*innen gegenwärtig die einzige Chance sind, denjenigen Patient*innen zu helfen, für die genau diese Art der

Therapie geeignet und erfolgversprechend ist. Dabei ist davon auszugehen, dass die therapeutische Arbeit mit Berührung, wie sie in der Biodynamischen Körperpsychotherapie stattfindet, neben depressiven auch bei anderen psychischen Erkrankungen nicht nur sinnvoll und erfolgsversprechend, sondern in manchen Fällen sogar alternativlos ist. Dies ist unter anderem bei Menschen mit autistischen Störungen oder Körperwahrnehmungsstörungen insofern sie Berührungen zulassen können, der Fall.

Ein weiterer Grund an Depression erkrankte Patienten an Biodynamische Psychotherapeut*innen zu verweisen ist die Verfügbarkeit von Therapieplätzen, die einen baldigen Therapiebeginn ermöglicht. Dies ist gerade bei Depressionen mit der dieser Krankheit immanenten Suizidgefahr von allergrößter Bedeutung.

Trotz der immer größeren Bedeutung der Körperpsychotherapie sollte nach Ansicht der Autoren auch die Biodynamische Körperpsychotherapie als eigenständige Methode weiter beforscht werden, denn insbesondere die Biodynamische Massage und die Arbeit mit der Psychoperistaltik haben sich in der Studie als die wirksamste Intervention erwiesen, die nicht durch andere körperpsychotherapeutische Interventionen ersetzt, sondern nur ergänzt werden sollte.

Methodisch sollten dabei „Mixed-Method-Research Designs" angestrebt werden, wie sie erst jüngst Dr. Frank Röhricht (2018) in einem Artikel der Zeitschrift Körper-Tanz-Bewegung (ktb) ebenfalls am Beispiel depressiver Erkrankungen vorgestellt hat. Das könnten erneute statistische Studien an Patientengruppen mit bestimmten Störungsbildern sein, aber auch differenziert beschriebene Einzelfallstudien mit genauer Protokollierung der eingesetzten Interventionen und der dabei ausgelösten Wirkungen beim Patienten. Ein gutes Beispiel dafür ist die Fallstudie des manisch-depressiven Patienten

Oscar im Gerda Boyesens Hauptwerk „Über den Körper die Seele heilen". Einzelfallstudien haben den Vorteil, dass jede/r einzelne Therapeut*in sie ohne größere materielle Ressourcen durchführen kann. Ergänzt durch den Einsatz von Fragebögen wäre dabei ein Mixed-Method-Research Design bereits realisiert.

Wir hoffen, die vorliegenden positiven Ergebnisse der Studie zur Wirksamkeit der ambulanten Biodynamischen Psychotherapie bei depressiven Erkrankungen sind für alle, die diese Methode bereits praktizieren, eine Ermutigung sie weiter anzuwenden und für alle Skeptiker und Fachleute, die diese Methode noch nicht kennen, ein Anlass sich näher damit zu befassen.

Literatur

Boyesen, Gerda „Über den Körper die Seele heilen" Kösel Verlag München 1987 (Neuauflage in Vorbereitung beim Boyesen Verlag Kiel)

Boyesen, Gerda & Boyesen, Mona Lisa „Biodynamik des Lebens" Synthesis Verlag Essen 1987

Boyesen, Gerda „Von der Lust am Heilen" Kösel Verlag München 1995

Derogatis, Leonard „SCL-90-R. Self-Report Symptom Inventory" In Collogium Internationale Psychiatrieae Scalarum (Hrsg.), Internationale Skalen für Psychiatrie. Beltz-Verlag Weinheim 1986

Franke, Gabriele Helga „SCL-90-R. Die Symptom-Checkliste von Derogatis" Beltz-Verlag Göttingen 1995

Gershon, Michael „Der kluge Bauch - Die Entdeckung des zweiten Gehirns" Godmann Verlag München 2001

Haudel, Thomas „Biodynamik als Selbsthilfemethode" in „Körper Gruppe Gesellschaft" Manfred Thielen Hrsg. Psychosozial Verlag Gießen 2013

Hautzinger, Martin, Keller, Ferdinand & Kühner, Christine „BDI-II. Beck-Depressions-Inventar." Revision 2. Auflage, Pearson Assessment, Frankfurt 2009

Hebenstreit, Doris „Biodynamische Körperpsychotherapie, eine Wirksamkeitsstudie." Unabgeschlossenen Mag. Psych. Arbeit Universität Wien

Joraschky, Peter & Pöhlmann, Karin „Körperpsychotherapeutische Interventionsstrategien in der Psychotherapieforschung" in Thielen Hg. „Körper-Gruppe-Gesellschaft" Psychosozial Verlag 2013

Mayer, Emeran „Das zweite Gehirn" riva Verlag München 2016

Pöhlmann, Karin „DKB-35: Interpretation der Werte." Verfügbar unter: http://www.psychosomatik-ukd.de/wp content/uploads/2012/12/interpretation-der-dkbwerte.pdf 2009[zuletzt geprüft am 24.06.2015]

Moyer, Christopher A. „Affektive massage therapy „
International Journal of Massage Bodywork 1: 3-5   2008

Moyer,Christopher A., Rounds, J. Hannum, JW: "A meta analysis of massage therapy research" Psychological Bulletin 130; 3-18   2004

Müller Oerlinghausen, B.; Berg C. ;Scherer P. et al. "Wirkungen einer Slow Stroke® Massage als komlementäre Therapie bei stationären depressiven Patienten. Ergebnisse eienr kontrollierten Studie (SeSeTra) Dt. Med. Wochenschr. 129 1363-1368   2004

Müller-Oerlinghausen, Bruno; Kiebgis, Gebriele Mariell   "Berührung"
Ullstein Verlag Berlin 2018

Müller-Oerlinghausen, Bruno „Psychische Effekte und ihre klinische Wirksamkeit" S. 41-45 in „Massage-Therapie" von Bernhard Reichert (Hrsg.) e-Book Georg Thieme Verlag Stuttgart New Yorck 2015

Pöhlmann, Karin, Joraschky, Peter & Brähler, Elmar „Dresdner Körperbild-fragebogen" Hogrefe Göttingen, in Vorbereitung

Pöhlmann, Karin, Roth, Marcus, Brähler, Elmar & Joraschky, Peter „Der Dresdner Körperbildfrageboten (DKB-35): Validierung auf der Basis einer klini-schen Stichprobe" Psychotherapie, Psychosomatik, Medizinische Psychologie, 64, 93-100, 2014

Röhricht, Frank „Anwendungs- und Interventionsforschung in der körperorien-tierten Psychotherapie" in ktb 2/2018 Zeitschrift für Körperpsychotherapie und Kreativtherapie, Ernst Reinhardt Verlag München 2018

Schrauth, Norbert „Körperpsychotherapie und Psychoanalyse" Ulrich Leutner Verlag Berlin 2001

Stieglitz, Rolf-Dieter „Diagnostik und Klassifikation psychischer Störungen" Hogrefe-Verlag Göttingen 1996

Taubner, Traudel „Über die Wirkung der Biodynamischen Körperpsycho-therapie" Zeitschrift für Körperpsychotherapie 4, 22-27 Wien (Kurzfassung)

Autor*innen

Thomas Haudel
Jahrgang 1960
Psychologischer Psychotherapeut
Studium für Klinische Psychologie in Leipzig
Ausbildungen in Tiefenpsychologisch-fundierter, Biodynamischer Psychotherapie und Traumapsychotherapie.
Psychotherapeut in eigener Praxis für Kinder, Jugendliche und Erwachsene in Berlin Prenzlauer Berg und in der Erziehungs- und Familienberatungsstelle Berlin Friedrichshain/Kreuzberg, 2. Vorsitzender der Gesellschaft für Biodynamische Psychologie/Körperpsychotherapie (GBP e.V.) seit 2006.

Tina Schubert
Jahrgang 1988
Diplom-Psychologin in fortgeschrittener Ausbildung zur Psychologischen Psychotherapeutin im Richtlinienverfahren Tiefenpsychologisch fundierte Psychotherapie in Dresden. Während des Studiums Tutorin für Multivariante Biostatistik.